Quart Verlag Luzern   Anthologie 23

horisberger wagen

horisberger wagen
23. Band der Reihe Anthologie

Herausgeber: Heinz Wirz, Luzern
Konzept: horisberger wagen, Zürich; Heinz Wirz
Fotos: Beat Bühler, Zürich
Grafische Umsetzung: Quart Verlag, Luzern
Lithos: Printeria, Luzern
Druck: DZA Druckerei zu Altenburg GmbH

Quart Verlag GmbH
Denkmalstrasse 2, CH-6006 Luzern
www.quart.ch

Anthologie 23 – Notat
Heinz Wirz

Die Geschichte von horisberger wagen ist eine ganz besondere: Im Jahr
2000 gründeten Reto Gafner und Detlef Horisberger ihr Architektur-
büro Gafner & Horisberger. Nach dem frühen Tod von Reto Gafner
2003 führte Detlef Horisberger bis 2007 das Büro unter altem Namen
weiter. In dieser Zeit wurden einige Schulbauten im Zürcher Oberland
realisiert. Seit 2008 führen Detlef Horisberger und Mario Wagen, der
bereits früher Mitarbeiter bei Gafner & Horisberger war, das Büro
gemeinsam unter dem Namen horisberger wagen in Zürich.
Die Gesamtschule In der Höh in Volketswil ist eine zweigeschossige
ausgedehnte Anlage, in der zahllose Schulräume und wandelbare
Universalräume untergebracht sind. 2003 wurde die erste Etappe,
ein Drittel der Anlage, fertiggestellt. Die flache Figur ist durchsetzt
von Innenhöfen. Entlang dieser grosszügigen Hofräume sind öffentliche Wege und Zonen von der Qualität städtischer Plätze angeordnet.
Diese erlangen durch die Höfe ihre ganz spezifische Raumqualität,
in der eine leise Noblesse anklingt. Im Äusseren begegnet uns eine
Tektonik, die ebenso einfach wie eindrücklich ist. Kräftige Beton-
stirnen kennzeichnen Bodenplatte, Zwischendecke und Dachplatte.
Dazwischen sind geschlossene Mauerteile aus römischem Travertin und
in Holzrahmen gefasste Fensterfronten eingespannt. Ein Einheitsmass
regelt die Fassaden. Ein lebendiges Wechselspiel zwischen offenen und
geschlossenen Teilen überzieht die Aussen- und die Hoffassaden. Die
wenigen natürlichen Materialien, ihr Kolorit, die einfache plastische
Fassadenstruktur und das dezente Wechselspiel der Wandpartien
verleihen dem Gebäude einen aussergewöhnlich einheitlichen Klang
und eine einprägsame Poesie. In zwei weiteren Schulanlagen und
ebenso in den neueren Bauten und Projekten werden wiederum bild-
hafte Themen umgesetzt, die stets zu einem schlüssigen, klangvollen
Ausdruck führen.

Luzern, im Oktober 2012

Gesamtschule In der Höh, Volketswil

In drei Bauetappen soll in einem neuen Quartier eine Gesamtschule mit Kindergarten, Primarstufe und Oberstufe entstehen. Der heterogenen städtebaulichen Situation mit fragmentarischen Strukturen wird eine urbane Grossform entgegengesetzt. Der Neubau wird als ein öffentliches Haus verstanden, das als neues Quartierzentrum generierend und identitätsstiftend für den Ort wirkt. Das flache Volumen besetzt die gesamte Parzelle und ist mit einem öffentlichen Wegnetz durchzogen. Durch die «Strassen» an den Etappierungsgrenzen, einer Abfolge von Plätzen und differenzierten Hofsituationen, bildet sich eine «Stadt im Haus». Das mit Vertretern der Schule und Gemeinde entwickelte neue pädagogische Konzept findet seinen architektonischen Ausdruck in wandelbaren Universalräumen und dem offenen Kulturraum.

Wettbewerb 2000, 1. Preis
Ausführung 2001–2003

30 m

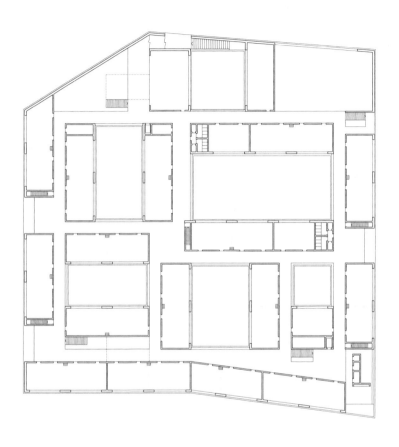

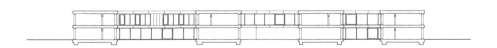

30 m

Oberstufenschule Breite, Hinwil

Eine bestehende Oberstufenschulanlage mit Schulhäusern aus den 50er und 70er Jahren wird durch einen Neubau ergänzt. Der Neubau als neues Zentrum klärt die städtebaulich diffuse Situation der Schulanlage. Durch die mittige Setzung eines Kubus entstehen auf dem leicht erhöhten Plateau drei klare platzartige Aussenraumsituationen. Der massive Ausdruck des Baukörpers wird durch die erdige Farbigkeit des Äusseren unterstrichen. Der horizontal aufgetragene strukturierte Putz wurde in Lasurtechnik mehrfach gestrichen und erscheint dadurch je nach Lichtverhältnis in unterschiedlichen Farb- und Tonabstufungen. Im Inneren bildet der massive Erschliessungskern eine räumliche Skulptur. Auf dem Weg durch das Haus eröffnen sich spannungsvolle Durchblicke. Präzis gesetzte Loggien artikulieren malerische Ausblicke in die weite Umgebung des Zürcher Oberlandes.

Wettbewerb 2001, 1. Preis
Ausführung 2002–2004

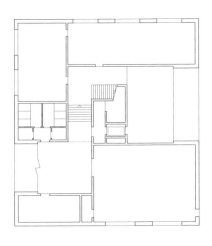

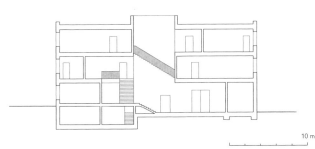

10 m

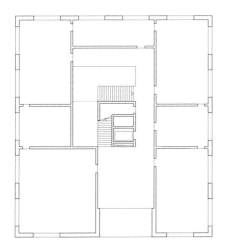

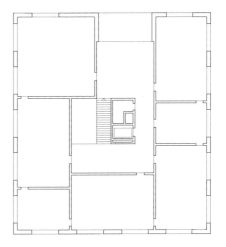

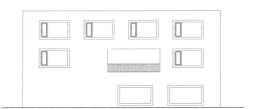

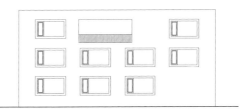

10 m

15

Primarschulhaus Egg, Wetzikon

Die im Zentrum von Wetzikon liegende Schulanlage Egg wird durch ein Primarschulhaus ergänzt. Im Wettbewerb 2001 wurde bereits ein Etappierungskonzept für eine spätere Erweiterung des Primarschulhauses erarbeitet, die dann 2012 realisiert wurde. Das Schulhaus schiebt sich als ein monolithischer Riegel in das ansteigende Terrain und wird an seinem Abschluss im öffentlichen Strassenraum wahrnehmbar. Im 5,50 Meter breiten Erschliessungskorridor wird die längliche Ausdehnung des Baukörpers in Beziehung zur topografischen Lage erfahrbar. Das harte Äussere des Sichtbetons erstreckt sich bis in den Erschliessungsraum. Die Nutzräume hingegen sind in Analogie zu einer Schmuckschatulle warm ausgekleidet. Die Fenster der südseitig gelegenen Klassenzimmer sind dunkel eingefasst, sodass die Landschaft wie gerahmt erscheint.

Wettbewerb 2001, 1. Preis
Ausführung 2001–2002
Erweiterung 2011–2012

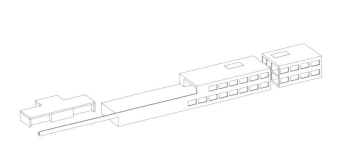

N

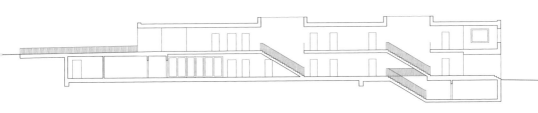

20 m

19

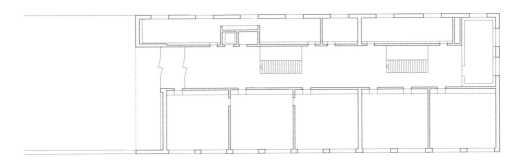

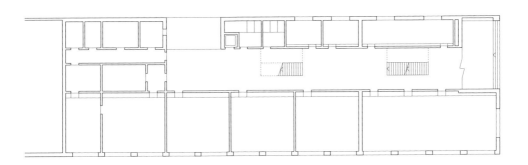

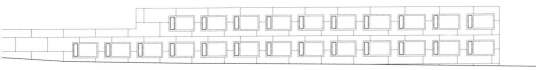

20 m

Wohnhaus Hörnen, Bauma

Das 1805 erbaute Gebäude, von dem ein Teil als Stallscheune genutzt wurde, wird zu einem Haus für zwei Generationen umgebaut. Erhalten wird einzig eine Mauerwerkswand, die ehemals den Stall umgab. Das beizubehaltende Volumen wird mit massiven, vorgefertigten Holzelementen ausgebaut und mit einer Holzfassade verkleidet. Wie beim traditionellen Bauernhaus erhalten die Bretter an ihren Aussenseiten Schnitzereien, die in der Addition ein individuelles Muster ergeben. Beheizt wird das Haus über Hypokausten. Vom zentralen Ofen steigt die warme Luft über Heizwände bis ins Dachgeschoss. Um diesen massiven, wärmenden Kern entwickelt sich die vertikale Erschliessung. Die anderen Oberflächen des Hauses sind gesamthaft in Fichtenholz gehalten, sodass der Eindruck einer textilen Haut entsteht.

Ausführung 2008–2009

N

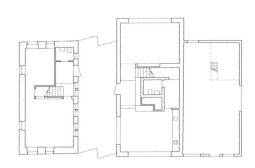

10 m

25

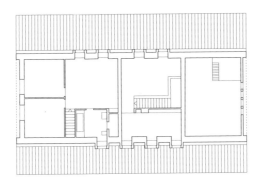

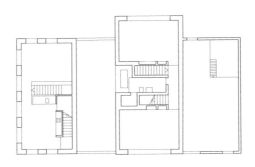

10 m

27

Schulhaus Weinberg, Zürich

Neben der Instandsetzung des spätklassizistischen Schulgebäudes soll ein Hort im Tiefparterre eingebaut sowie das Dach durch einen Mehrzwecksaal ergänzt werden. Die Vorgehensweise bei der Instandsetzung des um 1891 erbauten Schulhauses bestand im Aufgreifen alter Ideen und ihrer Neuinterpretation. So werden Elemente wie die Brusttäfelung, die einer früheren Renovierung zum Opfer gefallen war, im Treppen- und Erschliessungsraum wieder eingeführt. Die neue, in Grüntönen gehaltene Wandtäfelung zieht sich mäanderartig durch das gesamte Haus und bringt die verloren gegangene Massstäblichkeit wieder zurück. Im ausgebauten Dachgeschoss erschliesst ein umlaufender Umgang den neuen Mehrzweckraum. Der mit feinen Holzlamellen verkleidete Saal ist geprägt durch den neuen kleinteilig gefalteten Dachabschluss. Die Lichtstimmung im hölzernen Mehrzweckraum wird durch nach Norden gerichtete Oberlichter bestimmt.

Wettbewerb 2009, 1. Preis;
Ausführung 2010–2012

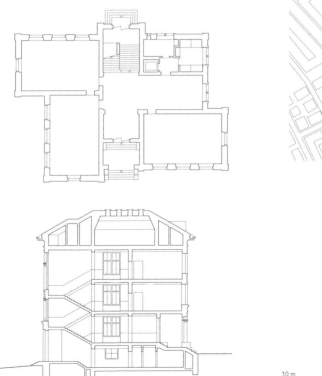

10 m

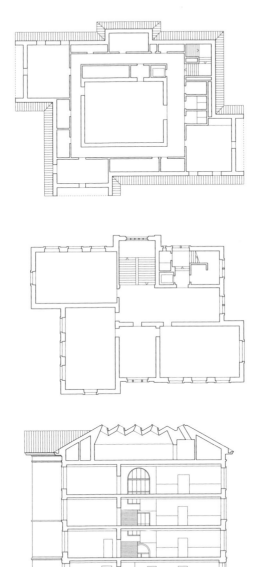

10 m

33

Claridenhütte SAC Bachtel, Altenorenstock

Die 1942 erbaute SAC-Hütte soll im Zuge einer Gesamtsanierung und einer Erweiterung den aktuellen Bedürfnissen angepasst werden. Aus dem bestehenden Volumen entwickelt sich an der Nordseite ein zweites asymmetrisches Dach, welches steil abfallend zum Boden geführt wird. Der dadurch entstehende expressive Körper wird im Bergmassiv verortet und erscheint als architektonischer Teil der Berglandschaft. Der Ausdruck der als Steintypus errichteten Claridenhütte verändert sich durch den Anbau je nach Sichtperspektive. Die neue, markante nordseitige Dachfläche, bestückt mit einem «wachenden Auge» in Form eines Panoramafensters, begleitet die Berggänger beim Aufstieg über den Fisetengrat. Beim Annähern an die Hütte tritt der Erweiterungsteil immer mehr in den Hintergrund, sodass den Besucher schliesslich das vertraute Bild der «alten Claridenhütte» empfängt.

Wettbewerb 2009

10 m

37

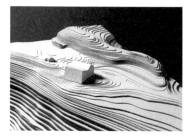

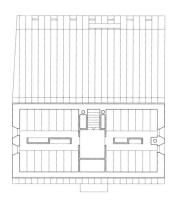

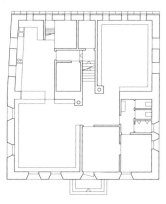

10 m

39

Naturmuseum St. Gallen

Da die Räumlichkeiten des ursprünglichen Naturmuseums in der Innenstadt zu klein wurden, wurde als neuer Standort die Peripherie gewählt. Das Grundstück befindet sich in unmittelbarer Nähe zur Autobahn. Die angrenzende Kirche St. Maria/Neudorf bildet mit dem gegenüberliegenden Notkerianum ein Tor zur Stadt. Im heterogenen Stadtgefüge verhält sich der Baukörper mit seiner Setzung und Höhenentwicklung zurückhaltend und stellt die gegebenen Hierarchien nicht infrage. Ein geschwungener Weg verbindet das Museum mit dem zugehörigen Botanischen Garten im Norden. Ein massiver, erdiger Körper bildet das Kernstück des Hauses. Dieses Gebilde «begleitet» den Besucher beim Durchschreiten des Gebäudes; die Erschliessung funktioniert um ihn und durch ihn. Einläufige Treppen verbinden das Foyer und die Ausstellungsräume mit dem Herzstück des Hauses: ein überhoher Raum, der entsprechend dem kristallinen Inneren eines ausgehöhlten Steins ausgebildet ist. Gezielte Aus- und Rückblicke begleiten den Gang durchs Haus.

Wettbewerb 2009, 3. Preis

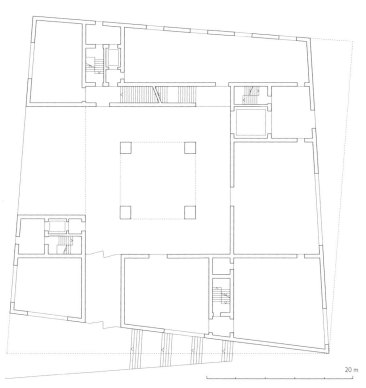

20 m

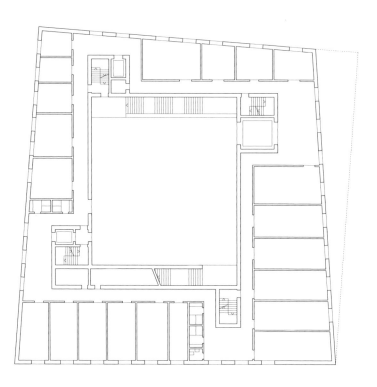

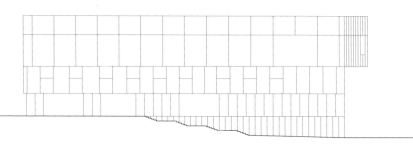

20 m

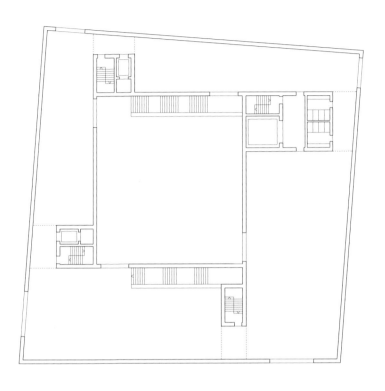

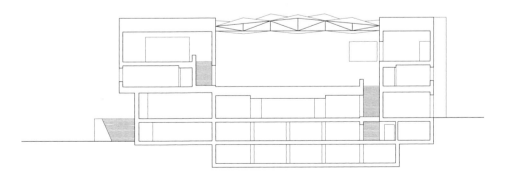

Gemeindehaus Unterengstringen

Der Ersatzneubau für das Gemeindehaus entsteht im Ortskern von Unterengstringen. Der längliche Baukörper ist durch seine Eckpositionierung im Stadtraum sehr präsent. Der neu entstandene öffentliche Platz liegt auf dem Weg zum Alten Schulhaus und wirkt als Begegnungs- und Aufenthaltszone. An das zentrales Treppenhaus schliessen wechselseitig die offen gestalteten Schalterhallen an. Durch dieses Prinzip wird der Baukörper mit dem Aussenraum verzahnt und die Geschossebenen werden zueinander in Beziehung gesetzt. Das grosse Volumen wird durch eine feingliedrige Holzfassade gebrochen. Vertikale Pfosten mit dazwischenliegenden Holz- und Glaselementen rhythmisieren die Fassaden und vermitteln zwischen dem grossmassstäblichen Neubau und der kleinteiligen Umgebung.

Wettbewerb 2011, 1. Preis

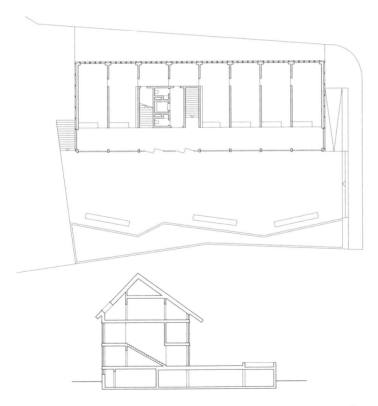

20 m

Wohnhaus, Pfäffikon ZH

Ein dicht bebautes Einfamilienhausquartier an einem Südhang in Pfäffikon mit vielen kleinen, aber in ihrem Ausdruck doch stattlichen und präsenten Häusern aus den 20er und 30er Jahren bildet den kontextuellen Rahmen eines kleinen Umbauprojekts. Im Gegensatz zu den vielen benachbarten Häusern fehlte diesem ein für Wohnzwecke nutzbares Dachgeschoss. Unter einem flach geneigten Giebeldach befand sich nur ein kleiner Estrichraum, der durch einen neuen Aufbau in Form eines steilen Giebeldachhutes ersetzt wurde. Der geometrisch eigenständige Dachaufbau wurde in Holzelementbauweise vorfabriziert und ruht sozusagen auf dem bestehenden gemauerten «Sockelvolumen». Die Fassadenhaut besteht aus einer gekreuzten Tannenbretterverschalung und einer vertikalen Lärchenstablatte. Die Zugangsseite im Norden zeigt sich eher verschlossen zu den nahe stehenden Nachbarbauten; erst in der Frontalansicht wird die kleine Öffnung im hutartigen Aufbau sichtbar. Das als offener Bibliotheksraum ausgebaute Dachgeschoss gewährt mit einem grossen Schwingflügelfenster im Süden einen malerischen Ausblick über den Pfäffikersee in die Alpen.

Ausführung 2010

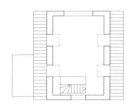

5 m

Altstadthäuser Untere Halde, Baden

Am Rande der Badener Altstadt sollen zwei mittelalterliche Häuser instand gesetzt werden. Besondere Anforderungen entstehen von Seiten des Denkmalschutzes, da eines der Gebäude auf der Liste der zu schützenden Objekte steht. Die äussere Gestalt bleibt auf der Seite der Altstadt weitgehend erhalten. Der sich zur Limmat hin orientierenden Südseite wird eine Verandaschicht in filigraner Holzkonstruktion vorgestellt. So werden für die Wohnungen attraktive Aussenräume geschaffen, ohne in die Altbausubstanz der ehemaligen Stadtmauer einzugreifen. Die Verandaschicht ist differenziert ausgestaltet. Durch das in der Höhe variierende und verschieden dichte Staketengeländer kann der gewünschten Intimität individuell entsprochen werden. Im Inneren wird die gegebene Struktur der Brandmauern übernommen und als Qualitätsmerkmal für die verschiedenen Wohnungen herausgestellt.

Wettbewerb 2011, 1. Preis
Ausführung 2012–2014

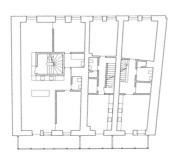

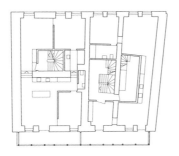

10 m

Wohn- und Geschäftshaus, Wetzikon

Die zu ersetzende Villa mit altem Baumbestand im Garten ist der Ausgangs-
punkt des Entwurfs. Im Kontext grossmassstäblicher Gebäude und präsenter
Infrastrukturanlagen wird ein grosses Wohn- und Geschäftshaus projektiert.
Der aus der inneren Raumfigur entwickelte L-förmige Baukörper definiert
mit den Nachbarvolumen einen klaren Hofraum, den Garten. Die turmartige
Eckausbildung sorgt für Präsenz im Stadtraum. Über Loggien an den Enden
der Gebäudearme verbindet sich das Haus mit dem Grün- bzw. dem Stadtraum. Die Wohnungen zeichnen sich durch gute Belichtungsverhältnisse
und flexible Grundrisse aus. Durch den Einsatz von Schiebetüren an der
inneren Fassade kann die ganze Dimension der Wohnung von jedem Punkt
erfasst werden.

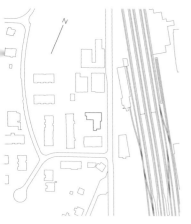

10 m

Wohnhaus, Oberrieden

Das Grundstück des am linken Zürichseeufer gelegenen Wohnhauses zeichnet sich durch seine Hanglage und seine Positionierung zwischen einer ruhigen Quartierstrasse auf der einen und der Bahnlinie auf der anderen Seite aus. Von den Wohnungen aus blickt man auf den See und die Berge. Der Baukörper wird, ähnlich einem Terrassenhaus, am Hang abgetreppt. Durch die kompakte Volumetrie wird der Grünraum um das Haus möglichst gross gehalten. Der Ausdruck des Hauses ist geprägt von dunklen, gewellten Keramikplatten. Die präzise Einteilung des Grundrisses in private und öffentliche Bereiche ist eines der Hauptanliegen des Entwurfs. Die Schlafräume bilden mit dem Badezimmer eine Einheit, sodass man zwischen diesen Zonen nicht den öffentlichen Teil der Wohnung durchqueren muss. Die öffentlichen Räume mit Küche, Wohn- und Esszimmer wiederum formen mit der vorgelagerten Terrasse ein Raumgefüge.

Ausführung 2012–2013

N

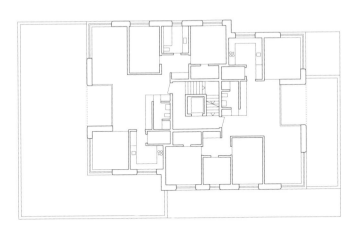

10 m

Wohnsiedlung Bernerstrasse, Zürich

Wettbewerb 2001, 6. Preis

Das am westlichen Rand von Zürich gelegene Grünauquartier soll ver-dichtet werden. Die kleinmassstäbliche Struktur wird ersetzt durch eine neue grosse Wohnsiedlung, die durch die Aufnahme gewerblicher und kul-tureller Nutzungen generierend für das Quartier wirkt. In Analogie zu der bestehenden Genossenschaftssiedlung der 70er Jahre werden drei polygonale Baukörper gesetzt. Die mäanderartig erscheinende Gesamtform verwischt die bestehenden Parzellengrenzen und verwebt die neu entstandenen, gross-flächigen Aussenräume mit jenen der bestehenden Grünausiedlung. Die Wohnungen sind über eineinhalb-geschossige Raumfolgen organisiert. Der übermäßig hohe, öffentliche Hauptraum ist zu beiden Gebäudeseiten aus-gerichtet. Das teilweise angehobene Niveau der Wohnung sorgt für zusätz-liche Intimität der privateren Räume.

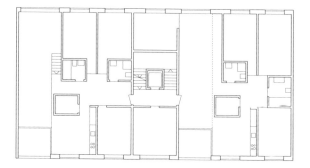

10 m

Wohnsiedlung Brünnen, Bern

Der neu entstehende Stadtteil Bern-Brünnen ist besonders geprägt durch das expressiv gestaltete Einkaufszentrum «West Side». Die neue Randbebauung präzisiert den Strassenraum und lässt einen halb privaten, grossflächigen Hof entstehen. Dieser identitätsstiftende Wohnhof vermag die heutigen Ansprüche eines Wohnens zwischen Stadt und Land zu erfüllen. Charakteristisch für den Entwurf sind die Loggien, die sich über die gesamte Tiefe des Grundrisses erstrecken. Die energetisch effizienten, als Wintergärten ausformulierten Aussenräume lassen ein Maximum an Privatsphäre und individueller Besetzung zu. Als Gelenk zwischen Innen und Aussen fungiert die Küche, die zwischen die öffentlichen Räume gesetzt ist. Die Nutzungen der Räume sind nicht präzisiert und können individuell angepasst werden.

Wettbewerb 2011, 3. Preis

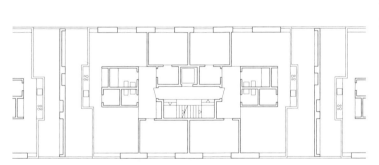

10 m

Gemeindehaus Meilen

Neben der Erweiterung des Gemeindehauses sollte eine Lösung für den angrenzenden Gemeindeplatz gesucht werden. Der Platz wird von den zurzeit noch störenden Autos durch eine gross angelegte Tiefgarage befreit und so für den Fussgänger attraktiver gemacht. Ein neues Café schliesst das erhöht gelegene Plateau in Richtung Süden ab. Mit der Erweiterung des 1913 errichteten Gemeindehauses wird eine Symbiose aus Alt und Neu geschaffen. Der Entschluss, an die ursprüngliche Rückfassade im Süden anzubauen, erlaubt zum einen die Bewahrung der historischen Erscheinung zur Strassenseite und sorgt zum anderen für ein neues «Gesicht» zum Platz hin. Ein ehemals zur Trocknung von Feuerwehrschläuchen genutzter Innenhof wird wieder geöffnet und zum Kernstück des Gebäudes umgedeutet. Das neue, vom Dach aus belichtete Atrium dient als Erschliessungs- und Aufenthaltszone aller Abteilungen. Durch den Erhalt des historischen Treppenhauses generiert sich der Typus eines Split-Levels, das auf der Horizontalen zwischen Alt- und Neubau vermittelt.

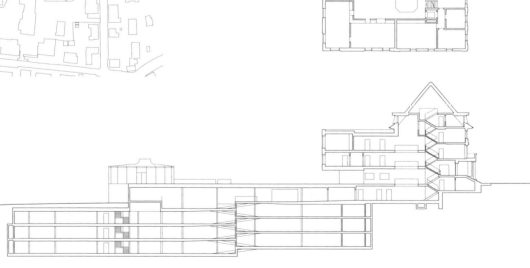

20 m

Gemeindehaus Schwarzenburg

Der Erweiterungsbau ist an der nordwestlichen Ecke an den Bestand an-
gefügt und bildet so den räumlichen Hintergrund für den Altbau. Die bestehende Treppe bildet das Verbindungsstück zwischen Alt und Neu. Der
Altbau wird schonend saniert und verloren gegangene Qualitäten werden
wiederhergestellt. Der Neubau orientiert sich bei der inneren Organisation an
den funktional gestalteten Grundrissen des bestehenden Gemeindehauses.
Dem Altbau sind Elemente der äusseren Gestalt entlehnt, wie die Farbigkeit
und die Ausbildung des Daches als differenziert materialisierter Körper.

Wettbewerb 2011, 4. Preis

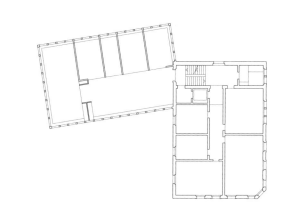

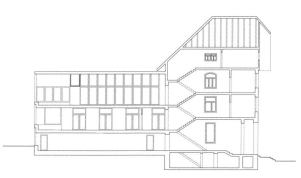

10 m

Werkverzeichnis
Auswahl Bauten, Projekte und Wettbewerbe

2000–2007 Gafner & Horisberger Architekten
seit 2008 horisberger wagen architekten

2000 Wettbewerb Gesamtschule In der Höh, Volketswil; 1. Preis
Wettbewerb Gemeindehaus Schinznach-Bad; 3. Preis
Wettbewerb Polysportives Zentrum, St. Gallen
(mit huggen_berger Architekten)
Wettbewerb Kulturzentrum Lachen (mit Lukas Schmid
und Roland Züger)
Studienauftrag Wohnüberbauung, Obfelden
(mit Hans-Rudolf Morof)

2001 Umbau Einfamilienhaus, Sirnach
Fabrikumnutzung, Wetzikon
Wettbewerb Oberstufenschule Breite, Hinwil; 1. Preis
Wettbewerb Primarschulhaus Egg, Wetzikon; 1. Preis
Wettbewerb Schulhaus Buochs; 1. Preis
Wettbewerb Wohnsiedlung Bernerstrasse, Zürich;
6. Preis (mit Martin Aerne Architekt)

2002 Neubau Primarschulhaus Egg, Wetzikon
Wettbewerb Hallenbad Tribschen, Luzern; 4. Preis
Wettbewerb Schulhaus Dürnten; Ankauf
Wettbewerb Kantonsschule Freudenberg, Zürich
Wettbewerb Sporthalle und Schulerweiterung, Lindau
Wettbewerb Städtebauliche Studie Olten SüdWest

2003 Neubau Gesamtschule In der Höh, Volketswil
1 Studienauftrag Stadion Letzigrund, Zürich; engere Wahl
(mit weberbrunner architekten)
Wettbewerb Universitäts-Kinderspital UKBB, Basel;
6.Preis (mit weberbrunner architekten)
Wettbewerb Schule Mareg, Zuoz
Wettbewerb HPS Altmarkt, Liestal
Wettbewerb Sporthalle Domat/Ems
Wettbewerb Zentrum Bäretswil
2 Studienauftrag Färbi-Areal Schlieren (mit oos ag)

2004		Neubau Oberstufenschule Breite, Hinwil
		Wettbewerb Feuerwehrdepot Wald; 2. Preis
		Wettbewerb Kaufmännische Berufsschule Langenthal
		(mit weberbrunner Architekten)
2004	3	Wettbewerb Evangelisch-Reformiertes Kirchgemeinde-
		zentrum Zug (mit Philipp Schaerer Architekt)
		Wettbewerb Stadtspital Triemli (mit weberbrunner
		architekten)

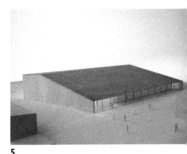

5

2005	4	Umbau und Sanierung Oberstufenschule Breite, Hinwil
		Umbau Wohnhaus, Gossau ZH
		Studienauftrag Wohnsiedlung, Gutenswil; 1. Preis
		Wettbewerb Kehrrichtverwertungsanlage Bern; 2. Preis
		(mit weberbrunner Architekten)
		Wettbewerb Sporthalle Gaswerkareal Biel; 3. Runde
		(mit Philipp Schaerer Architekt)
		Wettbewerb Wohn- und Geschäftshaus Langstrasse, Zürich
	5	Wettbewerb Sporthalle Strengelbach
		Wettbewerb Schulhaus Freienstein

6

2006		Wettbewerb Wohn- und Geschäftshaus, Wetzikon; 1. Preis
	6	Wettbewerb Hauptsitz Enea GmbH, Wurmsbach, Jona
		Wettbewerb Wohnhaus Seefeld, Zürich
	7	Wettbewerb Schulzentrum Azmoos, Wartau
		Wettbewerb Wohnhaus, Baden-Dättwil
		Studienauftrag Spinnerei-Areal, Wetzikon
		Studienauftrag Schulinternat Rosenhügel, Urnäsch

7

2007		Umbau Wohnhaus, Bertschikon
		Neubau Wohnsiedlung, Gutenswil
	8	Wettbewerb Kantonsschule Uster
		(mit moos.giuliani.herrmann architekten und
		Kaspar Thalmann Architekt)
		Wettbewerb Fäschtwiese Kreuzlingen (mit Raymond
		Vogel Landschaften)

8

9

2008

9   Neubau Pferdestallungen und Umbau Wohnhaus. Hittnau
Wettbewerb Turnhalle Uster; 2. Preis
Studienauftrag Kindergarten Boppelsen; 2. Preis
Wettbewerb Schulhaus Lantsch/Lenz; 3. Preis (mit
Christian Meier Architekt)

10   Wettbewerb Forschungszentrum HSR Rapperswil;
3. Runde (mit Regula Steinmann Architektin)
Studienauftrag Schule Oberrieden
Studienauftrag Kindergarten Russikon

10

2009

      Neubau Wohnhaus Hörnen, Bauma

11   Umbau Wohnhaus, Winterthur
Garagenanbau Wohnhaus, Horgen
Fassadensanierung Wohnhaus, Gossau ZH
Wettbewerb Instandsetzung Schulhaus Weinberg
Zürich; 1. Preis
Wettbewerb Naturmuseum St. Gallen; 3. Preis
(mit Christian Meier Architekt)
Wettbewerb Primarschule Untervaz; 3. Preis

12   Wettbewerb Kehrrichtverbrennungsanlage KVA Luzern;
6. Preis
Wettbewerb Erweiterung Claridenhütte SAC Bachtel
Altenorenstock (mit Ruedi Müller Architekt und
Christian Meier Architekt)
Wettbewerb Hort Ilgen, Zürich
Wettbewerb Kongresshaus Olma, St. Gallen (mit Christian
Meier Architekt)

11

2010

      Dachaufstockung Wohnhaus, Pfäffikon ZH
Wettbewerb Gemeindehaus Meilen; 1. Preis (mit
Blättler Dafflon Architekten)
Studienauftrag Erweiterung Primarschule Egg, Wetzikon;
1. Preis
Studienauftrag Wohn- und Geschäftshaus, Oberrieden;
1. Preis
Wettbewerb Wohnsiedlung Katzenbach, Zürich; 3. Preis
(mit Igual & Guggenheim GmbH)

12

2010	**13**	Wettbewerb Schulanlage Blumenfeld, Zürich-Affoltern (mit Blättler Dafflon Architekten) Wettbewerb Quartierpark mit Schulanlage Pfingstweid, Zürich (mit Raymond Vogel Landschaften)

13

2011		Erweiterung Gemeindehaus Meilen (mit Blättler Dafflon Architekten) Erweiterung Primarschule Egg, Wetzikon Instandsetzung Schulhaus Weinberg, Zürich
	14	Neubau Wohn- und Geschäftshaus, Oberrieden Neubau Wohnhaus, Oberrieden
	15	Neubau Bürogebäude, Sirnach Neubau/Umbau Mehrfamilienhaus, Sirnach Dachausbau, Nänikon
	16	Wettbewerb Instandsetzung Schulhaus Bläsi, Zürich; 1. Preis Wettbewerb Altstadthäuser Untere Halde, Baden; 1. Preis Studienauftrag Gemeindehaus Unterengstringen; 1. Preis (mit Atelier Buchzelg Architekten AG) Wettbewerb Wohnsiedlung, Brünnen-Bern; 3. Preis (mit Blättler Dafflon Architekten) Wettbewerb Gemeindehaus Schwarzenburg; 4. Preis (mit Holzhausen Zweifel Architekten) Wettbewerb Gemeindesaal/Hotel, Kirchberg; 4. Preis (mit Blättler Dafflon Architekten) Wettbewerb Kinderspital Zürich (mit huggenbergerfries Architekten)

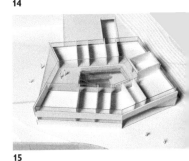

14

15

2012		Anbau Wohnhaus, Pfäffikon ZH Umbau Wohnhaus, Chrüzlen Wettbewerb Verwaltungsgebäude Stadt und Energie Uster; 2. Preis (mit Blättler Dafflon Architekten) Studie Erweiterung Gesamtschule In der Höh, Volketswil Wettbewerb Schulhaus Ferrach, Rüti; 2. Preis

16

	Detlef Horisberger
1972	geboren in Olten
1988–1992	Hochbauzeichnerlehre
1993–1999	Architekturstudium Zürcher Fachhochschule Winterthur ZHW
1997–1998	Mitarbeit bei Meili Peter Architekten, Zürich
1998–1999	Mitarbeit bei Herzog & de Meuron Architekten, Basel
2000–2003	bis zum Tod von Reto Gafner gemeinsames Architekturbüro Gafner & Horisberger Architekten, Zürich
2006	Mitgliedschaft BSA
seit 2008	Architekturbüro mit Mario Wagen
2007–2011	Dozent für Entwurf und Konstruktion an der Hochschule für Technik Zürich HSZ-T
seit 2012	Dozent für Entwurf und Konstruktion an der Zürcher Hochschule für Angewandte Wissenschaften ZHAW

	Mario Wagen
1974	geboren in Horgen
1992–1996	Hochbauzeichnerlehre
1997–2002	Architekturstudium Zürcher Fachhochschule Winterthur ZHW
2000–2001	Architekturstudium Hochschule der Künste Berlin HdK
2001–2002	Mitarbeit bei Gafner & Horisberger Architekten, Zürich
2003–2006	Mitarbeit bei Giuliani Hönger Architekten, Zürich
seit 2008	Architekturbüro mit Detlef Horisberger

	Reto Gafner
1971	geboren in Uster
1987–1991	Hochbauzeichnerlehre
1992–1993	Mitarbeit bei Stefan Bitterli Architekt, Zürich
1993–1997	Architekturstudium Technikum Winterthur
1998–1999	Architekturbüro mit Markus Moser
2000–2003	bis zum Tod gemeinsames Architekturbüro mit Detlef Horisberger, Gafner & Horisberger Architekten, Zürich

Mitarbeiterlnnen (seit 2000)	Ramon Arpagaus, Tobias Assmann, Ulrike Bahr, Emanuel Biland, Christine Bühler, Andreas Buschmann, Carlos Garcia Jaramillo, André Gisler, Bettina Grüter, Manuela Heinz, Olga Huber, Christian Huber, Simone Jaun, Julia Julen, Kirsten Koch, Nicolas Kretschmann, Mathias Kühn, Lars Kundert, Rudolf Kuntz, Eva Mehnert, Christian Meier, Melissa Poschen, Simon Roesti, Christopher Rofe, Anne-Chantal Rufer, Lukas Schmid, Julia Schott, Stefan Sonderegger, Lilian Streiff, Vincent Traber, Deborah Troxler, Matthias Unger, Lea Zimmermann

Vorträge

2000	Architekturforum Züricher Oberland. Gesamtschule In der Höh Volketswil
2001	mlzd: Biel. Schulhaus – ein öffentlicher Ort
2008	Architekturforum Zürich/Haus der Farbe. Vortragsreihe «Treffpunkt Farbe». «Gestaltung interdisziplinär – ein Arbeitsbericht»
2011	Architekturforum Zürich. Werkbericht in der Vortragsreihe «Junge Schweizer Architektinnen und Architekten»

Ausstellungen

Schulhausbau. Der Stand der Dinge. Schweizer Beitrag im internationalen Kontext:

2004	Ausstellung im Schulhaus Im Birch, Zürich-Oerlikon. Hochbaudepartement der Stadt Zürich
2007	Ausstellung im Centre for Architecture, New York. AIA New York Chapter Committee on Architecture for Education

Bibliografie

2000	Gesamtschule in der Höhe Volketswil. In: Hochparterre. Wettbewerbe Nr. 4/5, Zürich
2001	Wohnüberbauung Bernerstrasse Zürich. In: Hochparterre. Wettbewerbe Nr. 6, Zürich
2002	Neubau Hallenbad Tribschen Luzern. In: Hochparterre. Wettbewerbe Nr. 5, Zürich
2003	Martin Tschanz: Städte im Kleinen. Typologische Erneuerungen im Schulhausbau. In: Werk, Bauen + Wohnen Nr.1/2, Zürich Neubau Stadion Letzigrund Zürich (1. Stufe). In: Hochparterre. Wettbewerbe Nr. 4, Zürich Ina Hirschbiel Schmid: Vier Ovali im Finale. In: Hochparterre Nr. 10, Zürich
2004	Inge Beckel: Sphären der Halböffentlichkeit. In: Werk, Bauen + Wohnen Nr. 3, Zürich Schule Mareg Zuoz. In: Hochparterre. Wettbewerbe Nr. 2, Zürich Inge Beckel: Zu Diskussionen des 20. Jahrhunderts um das richtige Schulhaus in der Schweiz. In: Schulen in Deutschland/Neubau und Revitalisierung. Stuttgart und Zürich: Karl Krämer Verlag

2004	Martin Schneider: Bildung und Bauten. In: Hochparterre Nr. 6/7, Zürich
	Neubau Stadion Letzigrund Zürich (2. Stufe). In: Hochparterre.
	Wettbewerbe Nr. 3, Zürich
	Färbiareal Schlieren. In: Hochparterre. Wettbewerbe Nr. 3, Zürich
	Schulhausbau. Der Stand der Dinge. Zürich: Birkhäuser Verlag
	Alexa Bodammer und Roland Züger: Farbräume. In: Bauwelt Nr. 34, Berlin
	Neubau Universitätsspital Basel UKBB. In: Hochparterre. Wettbewerbe Nr. 4, Zürich
2005	Brigitte Selden: Unterricht in wohnlicher Atmosphäre. In: NZZ Nr. 62, Zürich
	Urs Maurer: Schulformen. In: tec21 Nr. 22, Zürich
	Judith Solt: Büffeln, tratschen, spielen. In: NZZ am Sonntag, Zürich
	Kehrichtverwertungsanlage KVA Bern. In: Hochparterre. Wettbewerbe Nr. 4, Zürich
2006	Neubau Oberstufenschule Breite Hinwil. In: Bauen für die Zukunft, Ingolstadt
	Urs Steiner: Schule im Wandel – Die Architektur zieht mit. In: Neue Lernlandschaften Nr. 2. Bildungsdirektion Kanton Zürich
2007	Dirk Meyhöfer: In Full Colour. Recent Buildings and Interiors. Berlin: Braun Publishing
	Robert Helmy: Man traf sich beim Treffpunkt Farbe. In: Applica Nr. 9, Wallisellen
	Thomas Rutherford: Winterthur/Gesammelte Projekte. In: tec21 Nr. 1, Zürich
2010	Neubau Naturmuseum St. Gallen. In: Hochparterre. Wettbewerbe Nr. 1, Zürich
	Anna Schindler: die helle Freude. In: Sonntagszeitung 15.08.2010
	Andreas Herzog: Ein Gebäudepaar mit zwei Gesichtern (Dorkern Meilen). In: Hochparterre Nr. 6, Zürich
2011	Katharina Köppen: Ein Kleid aus dem Wald. In: Umbauen + Renovieren Nr.3/4, Zürich
	Juho Nyberg: Junge Architektinnen und Architekten: horisberger + wagen. In: Archithese Nr. 2, Zürich
	Andreas Herzog: Neue Veranda vor alten Mauern (Altstadthäuser Untere Halde Baden). In: Hochparterre Nr. 2, Zürich
2012	Clea Gross: Det äne am Bärgli. Umbau in Bauma ZH. In: Werk, Bauen + Wohnen Nr. 7/8, Zürich
	Katharina Köppen: Ein Kleid aus dem Wald. In: Ideales Heim Nr. 10, Zürich
	Florencia Figueroa: Modernes Wohnen im mittelalterlichen Gemäuer. In: baublatt Nr. 15, Rüschlikon

Finanzielle und ideelle Unterstützung

Ein besonderer Dank gilt den Institutionen und Sponsorfirmen, deren finanzielle Unterstützungen wesentlich zum Entstehen dieser Publikation beitragen. Ihr kulturelles Engagement ermöglicht ein fruchtbares Zusammenwirken von Baukultur, öffentlicher Hand, privater Förderung und Bauwirtschaft.

 ERNST GÖHNER STIFTUNG

Aerni + Aerni Ingenieure AG Zürich

Bank Zimmerberg, Horgen

Bauleiterosterwalder GmbH, Uster

Wand- und Deckenbau bbf Weber, Fehraltorf

b + p baurealisation ag, Zürich

Cherimmo Ernst, Horgen

Dillier Ingenieurbüro, Seuzach

Glas Trösch AG, Bützberg

Beratende Ingenieure SIA Haerter & Partner AG, Zürich

Huber Fenster, Herisau und Zürich

Jaeger Baumanagement GmbH, Zürich – Baden

Jampen Holzbau, Hittnau

 Dr. Lüchinger+Meyer

Licht+Raum AG, Ittigen

Dr. Lüchinger+Meyer Bauingenieure AG, Zürich

Meili Tanner Partner AG, Uster

Roto GmbH, Dietikon

sonderegger baurealisation STRABAG WALDHAUSER HAUSTECHNIK AG
Ingenieurbüro USIC|SIA

sonderegger baurealisation gmbh, Rüti

STRABAG AG, Glattbrugg

Waldhauser Haustechnik AG, Münchenstein

Wenger Fenster AG, Wimmis und Blumenstein

Zumtobel Licht AG, Zürich

Quart Verlag Luzern

Anthologie – Werkberichte junger Architekten

Quart Verlag GmbH, Heinz Wirz CH-6006 Luzern
E-Mail books@quart.ch, www.quart.ch